AF103444

This Notebook Belongs To

____

www.ingramcontent.com/pod-product-compliance
Lightning Source LLC
LaVergne TN
LVHW061940070526
838199LV00060B/3902
* 9 7 8 8 8 4 9 8 5 5 1 8 0 *